BAGNOLES-DE-L'ORNE

SES SOURCES MINÉRALES
ET SES INDICATIONS THÉRAPEUTIQUES

PAR

Le Docteur E. CENSIER

Membre titulaire de la Société d'Hydrologie médicale de Paris
Membre titulaire de la Société de Médecine de Paris
Membre correspondant de la Société de Thérapeutique de Paris
Ancien Médecin de la Maison de Santé de Toulouse
(Maladies nerveuses)
Médecin de la Société C^e N^{le} des Armées de Terre et de Mer
(Service des Eaux minérales)
Médecin consultant attaché à l'Etablissement thermal
de Bagnoles-de-l'Orne

COMPRENANT :

Avant-propos.
A. **Les Sources de Bagnoles** (Analyses anciennes et nou...
B. **L'Etabli... ...t thermal** (Etat actuel, Améliorations).
C. **Indications thérapeutiques** (Généralisation, Spécialisation).
D. **Conclusions thérapeutiques** (Programme thérapeutique).

VERSAILLES

IMPRIMERIE LOUIS LUCE, 7, RUE SAINT-PIERRE

—

1896

BAGNOLES-DE-L'ORNE

SES SOURCES MINÉRALES

ET

SES INDICATIONS THÉRAPEUTIQUES

PAR

Le Docteur E. CENSIER

DU MÊME AUTEUR :

Chorée et tœnia (*Toulouse, 1876*).

De l'ectopie testiculaire en retour, *Paris, 1889*.

Contribution à l'étude de l'étiologie du tétanos (*Paris, 1893*).

Bagnoles-de-l'Orne. Renseignements généraux et thérapeutiques (*Paris, 1893*).

Bagnoles-de-l'Orne : la station minero-thermale de l'Ouest (*Communication au congrès de l'Association pour l'avancement des sciences, Caen, août 1894*).

Les sources minérales de Bagnoles-de-l'Orne et leurs propriétés thérapeutiques. — La cure des phlébites (*Mémoires récompensés par l'Académie de Médecine. Médaille de bronze, 1894*).

Les phlébites à Bagnoles-de-l'Orne (*Communication à la Société de Médecine. Paris, février, 1895*)

Les phlébites, leur étiologie et leur cure, par les eaux de Bagnoles-de-l'Orne (*Communication à la Société de thérapeutique. Paris, mai 1895*).

Nouvelle contribution à l'étude des phlébites, de leur étiologie et de leur traitement, par les eaux de Bagnoles-de-l'Orne (*Mémoire récompensé par l'Académie de Médecine. Médaille d'argent, 1895*).

BAGNOLES-DE-L'ORNE

SES SOURCES MINÉRALES
ET SES INDICATIONS THÉRAPEUTIQUES

PAR

Le Docteur E. CENSIER

Membre titulaire de la Société d'Hydrologie médicale de Paris
Membre titulaire de la Société de Médecine de Paris
Membre correspondant de la Société de Thérapeutique de Paris
Ancien Médecin de la Maison de Santé de Toulouse
(Maladies nerveuses)
Médecin de la Société C° N¹ⁿ des Armées de Terre et de Mer
(Service des Eaux minérales)
Médecin consultant attaché à l'Etablissement thermal
de Bagnoles-de-l'Orne

COMPRENANT :

Avant-propos.
A. **Les Sources de Bagnoles** (Analyses anciennes et nouvelles).
B. **L'Etablissement thermal** (Etat actuel, Améliorations).
C. **Indications thérapeutiques** (Généralisation, Spécialisation).
D. **Conclusions thérapeutiques** (Programme thérapeutique).

VERSAILLES
IMPRIMERIE LOUIS LUCE, 7, RUE SAINT-PIERRE

1896

AVANT-PROPOS

Nous avons présenté au monde médical sous forme de communications et de mémoires, auxquels a bien voulu s'intéresser l'Académie de Médecine, le résultat de nos recherches et de nos observations de six années de pratique à Bagnoles-de-l'Orne, et nous avons publié la première partie de ces travaux dans un petit volume d'« *Etudes sur Bagnoles-de-l'Orne* »; aujourd'hui les besoins de la publicité de l'Etablissement thermal réclament une sorte de résumé de ces travaux sous forme d'indications thérapeutiques. Nous l'écrivons avec d'autant plus de plaisir que l'accroissement rapide de notre station est pour la clientèle le meilleur contrôle des résultats que nous y obtenons.

En renvoyant à nos « *Etudes sur Bagnoles-de-l'Orne* » et à nos derniers mémoires pour les questions de bibliographie, d'historique et de description de la station, d'analyses des sources et de discussions sur leurs éléments minéralisateurs, leurs réactions chimiques et leurs effets physiologiques, et pour les développements cliniques et thérapeutiques, nous indiquerons encore, comme sources très intéressantes et nouvelles de renseignements, d'abord pour la partie historique l'article remarquable que vient de publier *la Normandie monumentale* sous la signature d'un de nos savants archéologues M. le Comte G. de Contades, qui renferme ses précieuses collections bibliographiques dans son *vieux logis normand* de St-Maurice, une des plus charmantes résidences, en même temps que l'un des sites les plus gracieux de nos environs; en second lieu, pour tous renseignements, une publication qui comble une lacune importante, au « *Guide du Baigneur, du Touriste et de l'Etranger à Bagnoles-de-l'Orne* », où, sous une forme littéraire, rare dans de semblables productions, le propriétaire d'une des plus jolies villas de la station, M. DeVaux, dont les travaux d'agronomie bien connus lui ont valu des lauriers très mérités, s'est intéressé une fois de plus à faire œuvre utile, en même temps qu'artistique par ses délicates reproductions des principaux points de vue et châteaux du pays.

Notre courte notice ne contiendra donc que les conclusions thérapeutiques de nos études spéciales, précédées de quelques considérations sur l'analyse de la source thermale, et de quelques renseignements utiles aux baigneurs; elle pourra ainsi servir de *memento* aux médecins qui auront à décider de l'opportunité d'une cure.

C'est cette simple publication que nous offrons aujourd'hui au lecteur.

Paris, 15 Février 1896.

Dr E. CENSIER.

BAGNOLES-DE-L'ORNE

Ses Sources Minérales et ses Indications Thérapeutiques

A. LES SOURCES DE BAGNOLES

(Analyses anciennes et nouvelles)

Nous avons à produire ici le tableau d'une nouvelle analyse chimique ; quelques explications à ce sujet sont devenues nécessaires.

L'établissement thermal possède plusieurs sources minéralisées ; les unes sont des sources ferrugineuses froides employées exclusivement à l'usage de boisson, mais la majeure partie de l'intérêt de la station est absorbé par la *Grande Source*, la seule source thermale importante de notre région de l'ouest.

Quoique approuvée depuis de longues années, puisque, jusqu'en 1840, Bagnoles possédait une installation affectée au service d'hôpital militaire, l'eau de cette source thermale vient d'être l'objet d'une nouvelle analyse dans les laboratoires de l'Ecole des Mines, qui sont ceux auxquels l'Académie de Médecine confie le soin des analyses d'eaux minérales qui lui sont soumises.

Cette analyse, dont nous donnons plus loin le tableau, n'apporte d'ailleurs aucun élément de connaissances nouvelles, et n'avait pour utilité que la rectification de certaines erreurs récemment émises.

Après des analyses d'exactitude progressive, selon les moyens de recherches correspondant à leurs dates (1694, par Geoffroy père ; 1748, par Geoffroy fils; 1813, par Vauquelin et Thierry ; 1868, par Ossian Henry), une dernière avait été faite, en 1878, par J.-B. Dumas, à la suite d'un traitement qu'il était venu suivre à Bagnoles et dont les heureux effets l'intéressèrent à la nature chimique de l'eau qui pouvait les produire ; nous en donnons ci-contre le tableau.

Il avait semblé depuis lors que l'on pouvait se contenter de cette dernière analyse, et tel était l'avis de chimistes compétents que nous avions consultés à ce sujet. Cependant une tentative malheureuse, dont la publication des éléments et des chiffres ne pouvait passer sans protestation, a tout remis en question et obligé à une vérification qui ne pouvait être qu'une

Analyse des eaux de Bagnoles
par J. B. Dumas (1878)

Un litre d'eau laisse pour résidu 0 gr. 0628.

Silice	0,0182
Alumine	0,0017
Oxyde de zinc	traces
Phosphate de chaux	0,0002
Sulfate de chaux	0,0035
Sulfate de potasse	0,0040
Sulfate de soude	0,0151
Chlorure de sodium	0,0127
Lithine	traces
Eau et matière organique	0,0073
EXTRAIT TOTAL	0,0628

Boues déposées à la sortie de la source

Silice	10,7
Acide phosphorique	17,6
Sesquioxyde de fer	58,3
Oxyde de zinc	1,3
Oxyde de plomb	14,1
Acide stannique	2,3
Oxyde de cuivre	traces
	104,3

Nota : Les oxydes de plomb, de zinc, de fer, sont à l'état de phosphates, en tout ou en partie. L'acide phosphorique est donc combiné avec eux.

ÉCOLE DES MINES
Bureau d'Essai
N° 12,936
Duplicata

EXTRAIT
des registres du Bureau d'essai pour les substances minérales

Paris, le 15 février 1896.

Eau minérale de Bagnoles-de-l'Orne : Grande Source (thermale); Certificat d'origine délivré par M. le Maire de Tessé-la-Madeleine.

On a dosé par litre d'eau :

	grammes
Acide carb. { libre	0.0063
{ des bicarb.	0.0068
Acide chlorhydrique	0.0102
Acide sulfurique	0.0125
Acide phosphor.	0.0004
« arsénique	traces
Silice	0.0135
Protoxyde de fer	0.0010
Chaux	0.0061
Magnésie	0.0012
Lithine	traces
Potasse	0.0028
Soude	0.0143
Matières organiq^{es}	0.0021
TOTAL	0.0772

Composition calculée :

	grammes
Acide carbon. libre	0.0063
Silice	0.0135
Bicarbon. de fer	0.0022
» de chaux	0.0092
Phosph. de chaux	0.0009
Sulfate de chaux	0.0034
« de magn^{ie}	0.0036
« de potasse	0.0050
« de soude	0.0128
Arséniate de soude	faibles traces
Chlor. de sodium	0.0164
» de lithium	traces
Matières organiq.	0.0021
TOTAL	0.0754

Extrait sec à 180° : 0^g 0625.

Le Chimiste,
E. GOUTOL.

L'inspecteur général des mines,
Directeur du Bureau d'essai,
A. CARNOT.

analyse nouvelle. C'est donc celle-ci qui, confiée comme nous l'avons dit aux laboratoires de l'Ecole des Mines vient d'être terminée ; nous la reproduisons ci-contre sous la formule officielle.

Un simple coup d'œil jeté sur ces deux tableaux permet de constater que les chiffres des deux analyses concordent suffisamment pour se contrôler réciproquement ; les légères différences étant facilement imputables aux difficultés et aux minuties des recherches de quantités aussi faibles d'agents minéralisateurs.

Tout ce que nous avons pu dire sur ces éléments et leurs actions physiologiques et thérapeutiques se trouve donc du même coup justifié. De plus, il est démontré à nouveau que l'Etablissement Thermal est en possession d'une des eaux de boisson les plus toniques et les plus saines qui existent, soit comme eau de table facile à transporter, soit comme agent thérapeutique de nombre de dyspepsies, ainsi que l'a toujours soutenu, d'après sa longue expérience, notre regretté maître le docteur Desnos, de l'Académie de médecine.

Au point de vue de la classification chimique, la source thermale reste donc dans la classe des *indéterminées*. Est-ce à dire pour cela qu'elle soit peu active ? L'observation des faits qui a démontré sa *spécialisation* est une preuve bien évidente du contraire.

La classification chimique à laquelle il a fallu soumettre les eaux minérales, a toute sa raison d'être pour celles qui possèdent un élément minéralisateur bien supérieur aux autres en quantité, telles les sulfurées, les chlorurées, les sulfatées, les bicarbonatées ; mais elle avoue son impuissance lorsque de multiples éléments minéralisateurs se trouvent en présence, sans prédominance suffisamment marquée de l'un d'eux, et qu'elle est réduite à créer la classe des indéterminées où Bagnoles se trouve en bonne compagnie avec le Mont-Dore, Néris, Plombières, etc. Tout au moins est-il rationnel alors d'attribuer à ces eaux une dénomination dont les termes multiples s'adressent aux principaux éléments, et c'est ainsi que l'eau de la Grande Source de Bagnoles peut être dénommée *silicatée, sulfurée et chlorurée sodique.*

Dans les eaux minérales, nous l'avons déjà dit et nous ne saurions trop le répéter, il ne faut pas vouloir demander à la chimie l'explication de faits physiologiques qu'elle est impuissante à démontrer ; toute eau minérale est un élément actif, une formule médicamenteuse inimitable, parce qu'elle est naturelle et qu'elle possède une sorte de vitalité propre, d'une part, et que, de l'autre, l'organisme humain se prête en sa présence, comme en celle de tout médicament et même aliment, à des réactions également inimitables par le fait du vitalisme qui y préside.

Ce n'est pas sans raison que cette année même le respectable doyen et président honoraire de la Société d'Hydrologie de Paris, le docteur M. Durand-Fardel, montait à cette tribune qu'il a fondée, pour nous lire, avec toute l'autorité de sa longue pratique et de sa connaissance spéciale, une remarquable communication dont voici la substance.

Dans les eaux minérales, comme dans les substances alimentaires, il entre des éléments constituants, étroitement unis, formant un ensemble très complexe. Ces éléments sont, les uns, principaux et dominent la composition de l'eau, dont ils indiquent d'une façon générale l'action thérapeutique. A côté de ces éléments *principaux*, il y en a d'autres, dits *secondaires*, dont on peut encore plus ou moins nettement déterminer la part dans ladite action thérapeutique. Mais on rencontre en ou[tre] dans ces eaux, une série de principes *iner[tes]* au moins en apparence, auxquels on ne p[eut] attribuer aucune propriété définie. C'est ce[pen]dant à la présence de ces éléments in[ertes] que les éléments principaux doivent d'exe[rcer] une action physiologique ou thérapeutiq[ue] dont, isolés, ils seraient incapables, même avec l'aide des éléments secondaires. Il en est de même pour les aliments dont les principes essentiels, assimilables, *carbone*, *azote*, etc., absorbés isolément, sans la masse d'éléments inertes qui les accompagnent, ne sauraient constituer une nourriture suffisante pour vivre.

Tels sont les faits auxquels, en thérapeutique hydrologique, il faut savoir se ranger avec d'autant plus de raison que, comme le faisait observer notre savant Président, M. le Pr Robin, ces mêmes faits, en temps que se rapportant aux éléments de la nutrition, sont corroborés par les expériences les plus récentes et les plus probantes.

Ne cherchons donc pas, dans la pratique locale des eaux minérales, à vouloir mieux faire qu'au sein même de la Société d'Hydrologie, où, tout en rendant un juste hommage aux sciences exactes et à ceux qui les représentent parmi nous, nos discussions ont une tendance bien marquée à revenir toujours aux faits cliniques, à l'observation des malades, et surtout nous, médecins de stations thermales, soyons vraiment médecins, cliniciens, observons les faits thérapeutiques si intéressants qui se passent sous nos yeux, cherchons en eux la vraie direction de notre expérience, et ne nous laissons pas entraîner par la tentation de découvertes nouvelles, de démonstrations de faits encore inconnus ou incompris, mais dont l'exactitude peut être difficile à rencontrer, à vouloir leur subordonner des actes biologiques qui ne peuvent accepter semblable domination, et encore moins à faire dévier ceux-ci en faveur de ceux-là lorsqu'ils les démentent.

B. L'ÉTABLISSEMENT THERMAL

(Etat actuel, Améliorations)

Situé à une altitude de 228^m, au centre d'une vaste zone forestière qui s'étend d'Alençon à Mortain et couronne un contrefort des collines de Normandie, l'Etablissement thermal est bâti dans une gorge entourée par deux vastes parcs où dominent les essences résineuses. Ses constructions se groupent autour de la source thermale qui sort du rocher en laissant échapper de nombreuses bulles de gaz où se font remarquer les grosses bulles de l'azote, et des vapeurs décelant par leur odeur la présence du soufre. C'est là que se trouve la buvette, en arrière le pavillon d'hydrothérapie, de chaque côté les bâtiments occupés au rez-de-chaussée par les bains chauds avec ou sans appareils de douches, puis la piscine de vingt-cinq mètres de long sur cinq de large, bien suffisante pour la natation et où l'eau se maintient à une température constante de 20° à 21°, la température de l'eau au griffon étant de 25° à 26°; pour les bains chauds il suffit d'ajouter une petite quantité d'eau surchauffée. Grâce à un débit d'environ vingt-cinq mille litres à l'heure, l'eau ne cesse, malgré le prélèvement des bains chauds, d'arriver abondamment à la piscine qui est aussi vidée et remplie chaque nuit; elle y apparaît sous une belle teinte bleue-verdâtre et y conserve la plus parfaite limpidité.

Les baignoires sont jusqu'ici disposées en trois galeries dans l'une desquelles elles sont munies d'appareils pour douches générales ou locales. Cette installation commençant à devenir insuffisante pour les besoins croissants de la clientèle, la création d'une nouvelle galerie a été décidée qui devait être terminée pour la saison 1896; malheureusement la mort du gérant, qui avait été chargé de la direction de ces travaux, les a arrêtés à leurs débuts, et l'administration, obligée de se consacrer d'abord à la réfection et l'agrandissement des appareils de prise d'eau, de pression et de chauffage, a dû remettre le commencement du nouveau pavillon à la fin de la saison balnéaire prochaine, avec d'autres améliorations dont les plans sont arrêtés. La galerie comprendra vingt baignoires avec appareils de douches, et une installation spéciale pour bains d'eau courante à température voulue, et, comme complément, des appareils de Berthe permettant de donner soit les divers bains de vapeur, soit les bains de sudation à air sec dans les meilleures conditions.

Pour ne rien laisser d'incomplet, des cabinets de massage seront ménagés dans cette galerie, où les médecins pourront soit opérer eux-mêmes soit faire pratiquer ces manœuvres sous leur direction par un personnel spécial. Disons à ce sujet que le massage, que son efficacité incontestable a fait placer aujourd'hui au rang des moyens thérapeutiques les plus employés, doit être envisagé sous deux points de vue bien distincts. Dans le premier cas c'est le massage ordinaire des établissements hydrothérapiques, consistant dans la friction de la peau, le pétrissage des masses musculaires, la mobilisation des articulations saines; c'est là le *massage hygiénique* si utile aux arthritiques, aux adipeux, à nombre de nerveux, et que peut opérer dans de bonnes conditions tout masseur de Hammam bien stylé. Mais à côté de celui-là est un autre massage qui exige des connaissances exactes en anatomie, en physiologie, en pathologie, sans préjudice des qualités d'adresse et de douceur manuelle qui lui sont indispensables ; c'est le *massage thérapeutique* vrai, *médical* ou *chirurgical ;* celui-ci le médecin, doit le pratiquer lui-même ou ne le confier qu'à une personne en qui sa confiance puisse être pleinement justifiée; aussi avons-nous été heureux de pouvoir nous assurer le concours de l'expérience déjà longue de Madame Rivière, diplômée des hôpitaux de Paris, que nous ne sommes plus à présenter à la clientèle de Bagnoles.

C. INDICATIONS THÉRAPEUTIQUES

(Généralisation, Spécialisation)

Le programme thérapeutique d'une station thermale admet une certaine étendue, une élasticité qui, au premier abord, pourrait surprendre, mais dont il est facile de se rendre compte. Les principaux éléments : sources minérales froides et thermales, douches chaudes générales, locales, hydrothérapie froide, etc..., que possède tout établissement thermal, permettent en effet d'intervenir utilement dans des états morbides très différents ; mais, si l'intérêt principal d'une source minéro-thermale réside évidemment dans la caractéristique que lui affirment les effets physiologiques qu'elle détermine, là, encore, autour d'une spécialisation même bien marquée, se groupent, grâce à un lien commun, un certain nombre d'états morbides.

Aussi le praticien qui exerce près d'une station thermale doit-il avoir un double objectif : d'une part, celui d'étendre sa thérapeutique au plus grand nombre possible de maladies dans le terrain que lui délimitent d'ailleurs l'action des eaux dont il dispose et les ressources de la station ; d'autre part, celui de bien connaître et mettre en lumière la caractéristique thérapeutique de ces eaux, et, si elles s'y prêtent, d'établir leur *spécialisation*, qui est la meilleure preuve de leur efficacité, et le guide le plus sûr de leur application.

Or, à ce dernier point de vue, Bagnoles-de-l'Orne est des plus favorisé. Si remarquable déjà par sa situation isolée, son existence unique pour toute la région de l'ouest, contrairement aux groupements que l'on rencontre dans d'autres zones géologiques du centre, de l'est, du sud-ouest, elle voit doubler son intérêt par sa *spécialisation* bien nette qui la met tout en évidence pour le *traitement des suites de phlébites et de tous les troubles de la circulation veineuse*.

Cette *spécialisation* doit donc être le premier terme du programme thérapeutique que nous allons établir ; elle est aussi la cause qui nous permettra d'élargir les limites de celui-ci, dont l'ensemble sera complété par les autres qualités des sources minérales, les conditions climatériques, les procédés et appareils divers de traitement balnéaire, hydrothérapique et autres.

Ce programme doit servir de guide aux médecins à qui incombe le soin de diriger de loin leurs clients vers telle station qui paraît devoir le mieux convenir à leur état de santé ; c'est au spécialiste à l'établir sur ces diverses données dont la connaissance approfondie et le maniement bien entendu lui permettra de retirer tous les effets et les meilleurs.

Ici, l'existence de la source thermale, son efficacité propre, sont la base d'une thérapeutique active.

Dans le chapitre précédent nous avons donné la composition chimique, les chiffres d'analyse, toutes choses intéressantes surtout au point de vue de la classification et de la comparaison des diverses eaux minérales entre elles ; dans nos « *Etudes sur Bagnoles-de-l'Orne* » nous avons discuté les qualités individuelles de chacun des minéraux en dissolution, montré leurs réactions réciproques et celles qu'ils doivent produire dans le bain en présence des tissus, dans l'organisme après leur ingestion ; mais il y a une chose que la chimie ne peut expliquer, que l'observation enseigne sans en révéler autre chose que le mécanisme probable, mais non l'essence même, ce sont les réactions physiologiques intimes qui sont l'essence même de l'effet thérapeutique. C'est que la nature conserve ses inconnues et sa puissance mystérieuse ; et, comme nous le disions plus haut, de même que nos tissus et nos organes dans leurs réactions intimes, l'eau minérale possède ce que l'on pourrait appeler son vitalisme, dans l'existence duquel la seule chose que nous connaissions est la présence de courants magnétiques. Aussi, si une eau minérale est une formule chimique que l'on pourrait à la rigueur contrefaire, reste-t-elle, en tant qu'agent thérapeutique, inimitable par les procédés dont la science dispose.

Nous disions tout à l'heure que la caractéristique d'une eau minérale, la meilleure preuve de son efficacité et le plus sûr guide de son application était la possibilité de sa *spécialisation*, et que cette spécialisation devait être le premier terme de son programme thérapeutique, comme étant celui dont dérive tout au moins une grande part des autres.

Nous ne pouvons entrer ici dans une longue explication à ce sujet, et nous devons nous borner à dire que cette spécialisation provient de l'action de l'eau de la *Grande Source*, dans le bain sur les téguments et les extrémités nerveuses qui s'étalent à leur surface, puis par l'intermédiaire du système nerveux qui s'entremet dans toute action physiologique, sur la circulation veineuse qu'elle accélère, dégorgeant les tissus, chassant l'œdème, en même temps que la congestion des veines superficielles diminue la stase des vaisseaux profonds; enfin, agit sans doute de même, par action reflexe, sur l'activité nutritive elle-même des parois des veines et tend à leur rendre leur intégrité compromise; cette dernière action se fait d'ailleurs sentir sur la nutrition générale qu'elle réveille, produisant un effet tonique et reconstituant. Mais il y a autre chose encore, et l'un des résultats qui s'observe rapidement est l'atténuation progressive et rapide des douleurs, phénomène qui, avec des alternatives nouvelles, se produit aussi bien dans les suites de phlébites que dans les névralgies sciatiques et autres, les rhumatismes chroniques, etc.

Ces effets de l'usage externe simple de l'eau, sans intervention des procédés qui peuvent être employés pour les régler, les augmenter, les modifier, ne doivent pas être séparés de ceux que produit l'usage interne de l'eau.

Prise en boisson, mise en contact avec la muqueuse stomacale, elle doit agir par un processus analogue, et une grande part de son efficacité dans nombre de dyspepsies doit être due au réveil de l'activité de la circulation veineuse locale diminuant la stase si souvent liée à l'atonie des organes de la digestion, et à des états divers provenant de mauvaises conditions physiologiques et morbides d'organes voisins, foie, reins, cœur, etc. De plus, l'un des effets adjuvants les plus évidents qui résulte de l'ingestion de l'eau est son action diurétique notable.

Aussi l'usage interne de l'eau doit-il le plus

souvent venir en aide à la cure balnéaire, et l'on comprend comment l'union de ces deux moyens primordiaux peut agir d'une manière profonde sur l'organisme tout entier, et s'approprier au traitement d'états généraux, de diathèses dans lesquels dominent les phénomènes de stase, de ralentissement de la nutrition, et qui sont si souvent le point de départ, la cause première et déterminante d'affections locales, surtout lorsque celles-ci affectent la forme chronique qui la met sous la dépendance thérapeutique du traitement hydro-minéral.

Ceci amène encore à comprendre l'effet produit à Bagnoles-de-l'Orne, par un traitement bien dirigé, sur la circulation veineuse générale, et permettre de s'y attaquer à tout élément non chirurgical de ralentissement se produisant sur son parcours, sans faire exception pour les causes initiales, celles qui sont dues à quelques modifications morbides du cœur dans la partie de cet organe, qui est l'agent principal de la circulation veineuse, pourvu que de telles maladies n'aient pas déjà atteint un degré trop prononcé. Ici l'atténuation des symptômes généraux de stase veineuse, et des divers œdèmes qui en résultent, l'activité plus grande rendue à la circulation veineuse générale, pourra donner tout au moins un temps de repos à l'organe central, arrêter l'aggravation des lésions et même parfois leur permettre de rétrocéder.

Mais nous savons, et nous nous sommes attachés à le bien faire ressortir dans nos mémoires à l'Académie de Médecine, que nombre de phlébites, et des plus intenses, des plus tenaces, des plus récidivantes, sont des manifestations rhumatismales et goutteuses, et que, même dans certaines de celles qui doivent être mises sur le compte d'une infection locale, on retrouve un de ces états généraux qui permettent d'invoquer la présence d'un virus spécial, ou tout au moins la prédisposition, le manque de défense par ralentissement des actes nutritifs ; cela nous donne la clef de l'efficacité d'une même eau minérale dans des maladies en apparence toutes différentes, et nous explique encore que cette efficacité, par l'action profonde qu'elle exerce sur l'économie tout entière, peut atteindre des états diathésiques divers, la diathèse elle-même en temps que prédisposition morbide. En cela, l'accélération de la circulation veineuse, qui est celle qui emporte les déchets de l'organisme, agit comme un drainage qui diminue dans les terrains arthritiques l'accumulation des éléments spéciaux des virus et des ferments, soit en les portant à travers des organes qui les dénaturent ou les brûlent, soit en les versant au dehors par le filtre rénal grâce à la diurèse abondante dont nous avons parlé.

Enfin, pour en revenir encore une fois en terminant à l'action externe de l'eau, nous devons noter le dépôt qui se fait dans le bain à la surface de la peau, et qui la rend onctueuse au toucher. C'est cette *glairine* à base de silice et de soufre qui vient en aide aux effets précédents comme agent topique dans le traitement des ulcères variqueux, des plaies atoniques, des maladies de la peau, etc.

Maintenant, pour résumer cet aperçu rapide, et établir nettement notre programme thérapeutique, nous pouvons dire que : en premier lieu, en dehors des procédés balnéaires, hydrothérapiques et autres, qui peuvent d'ailleurs permettre d'agir dans des cas plus nombreux et plus divers, comme nous le noterons à la suite, *l'eau thermo-minérale de la Grande Source de Bagnoles-de-l'Orne*, par ses usages simples externes ou internes, isolés ou combinés, produit des effets généraux et locaux qui se caractérisent avant tout par l'accélération de la circulation veineuse, par des phénomènes profonds de réveil des actes de la nutrition, par des résultats de disparition progressive des symptômes nerveux de la douleur, enfin par son action topique ; secondairement, les divers facteurs et procédés de la thérapeutique d'un établissement thermal et hydrothérapique tels que : température et durée variable des bains, douches chaudes générales ou localisées, douches locales spéciales, piscine, hydrothérapie froide avec ses divers procédés, massages, etc., deviennent entre les mains du praticien des éléments importants qui permettent de modifier, atténuer, augmenter, spécifier des traitements très différents et très précis pour des états morbides très divers et des susceptibilités individuelles bien caractérisées.

D. CONCLUSIONS THÉRAPEUTIQUES

(Programme thérapeutique)

De ce que nous venons de dire de la *spécialisation* et de la *généralisation* applicables à la thérapeutique des stations minéro-thermales, et en particulier de Bagnoles-de-l'Orne, nous pourrons tirer les conclusions suivantes sous forme de programme thérapeutique :

La thérapeutique de Bagnoles-de-l'Orne admet :

I. La **spécialisation** dans le traitement des **suites de phlébites**, des **varices douloureuses** et de tous les **engorgements veineux** de cause médicale, de tous les **œdèmes** de cause circulatoire veineuse primitive, sans faire abstraction de cas dont la cause initiale dépend de certaines lésions du cœur, toute mesure gardée suivant le degré acquis de celles-ci.

II. La **généralisation** des effets thérapeutiques

à la *diathèse arthritique* (par ralentissement de la nutrition), selon les distinctions suivantes :

A. Applications particulièrement favorables du traitement à certaines des manifestations de cette diathèse :

Le *Rhumatisme chronique sous toutes ses formes ;*

Les *Névralgies sciatiques* et *autres ;*

Les *Paralysies sans lésions centrales :*

Les *Dyspepsies stomacales et intestinales ;*

Les *Maladies des femmes.*

B. Action simplement favorable dans les premières manifestations et les formes légères de :

La *goutte,*

Les *lithiases,*

Le *diabète hypoasoturique,*

La *scrofule.*

III. Le **Traitement curatif** par action générale et topique :

1º Des *dermatoses* entées sur terrain *arthritique* ou *scrofuleux,* ne revêtant pas le caractère d'irritabilité ou ayant dépassé la période d'irritabilité, dont la forme typique est *l'eczéma subaigu et chronique.*

2º Des *ulcères* et *plaies atoniques,* et surtout des *ulcères variqueux.*

IV. Enfin, avec une faible part pour l'action de la source thermale, mais par l'effet des moyens thérapeutiques appropriés : piscine, hydrothérapie, etc., usage en boisson de la source ferrugineuse, facilités d'exercice au grand air et nature de l'air ambiant du climat forestier, Bagnoles-de-l'Orne convient au traitement des chloroses, des anémies et convalescences, de certaines névroses, et devient encore une station de choix pour préparer à la cure marine, ou même la remplacer, chez les enfants et adultes auxquels leur susceptibilité nerveuse impose à cet égard certaines réserves.

V. De même, avec une part dans l'action de la source thermale et des douches chaudes, et avec le concours actif d'un nouvel adjuvant, le massage thérapeutique, Bagnoles-de-l'Orne peut se réclamer du traitement de cas chirurgicaux, tels qu'entorses et luxations anciennes, vieilles arthrites suivies d'ankiloses, déviations par faiblesse musculaire, etc.

15 Février 1896.

Dr E. CENSIER.
Médecin consultant
Attaché à l'Etablissement thermal.

L'hiver à Paris,
(66, boulevard Saint-Germain).
(N'exerce qu'à Bagnoles).

www.ingramcontent.com/pod-product-compliance
Lightning Source LLC
Chambersburg PA
CBHW060610050426
42451CB00011B/2176